小跳豆 Jumping Bean 幼兒好行為情境故事系列

我要注意安全

新雅文化事業有限公司
www.sunya.com.hk

小跳豆
幼兒好行為情境故事系列

跟着跳跳豆和糖糖豆一起培養好行為！

　　培養孩子的各種生活技能和好成績，固然重要，但也不要忽略品格培育。其實一個人成功與否，與他的品格好壞有莫大的關係。

　　《小跳豆幼兒好行為情境故事系列》共 6 冊，針對 3-7 歲孩子常犯的毛病或需要關注的地方，分為六個不同的範疇，包括**做個好孩子、做個好學生、做個好公民、注意安全、有禮貌**和**有同理心**，透過跳跳豆、糖糖豆以及一眾豆豆好友的經歷，教導孩子在不同的處境中，學習正確的態度和行為，並引入選擇題的方式，鼓勵孩子判斷什麼是正確，什麼是不正確。

　　書末設有「親子説一説」和「教養小貼士」的欄目，給家長一些小提示和教育孩子的方向，幫助家長在跟孩子進行親子閱讀時，一起討論他們所選擇的結果，讓孩子明白箇中道理。「我的好行為」的欄目，讓孩子檢視自己有什麼好行為，鼓勵孩子自省並保持良好行為，長大後成為一個守規矩、負責任、有禮貌、能獨立思考、真正成功的人。

新雅・點讀樂園 升級功能

以互動方式提升孩子的判斷力，養成好行為！

本系列屬「新雅點讀樂園」產品之一，若配備新雅點讀筆，爸媽和孩子可以使用全書的點讀功能，孩子可以先點選情境故事的內容，聆聽什麼是正確的行為，然後判斷該怎樣做，選出合適的答案。透過互動遊戲的方式，讓孩子邊聽邊學邊玩，同時提升孩子的判斷力，養成良好的行為。

「新雅點讀樂園」產品包括語文學習類、親子故事和知識類等圖書，種類豐富，旨在透過聲音和互動功能帶動孩子學習，提升他們的學習動機與趣味！

想了解更多新雅的點讀產品，請瀏覽新雅網頁（www.sunya.com.hk）或掃描右邊的QR code進入 新雅・點讀樂園 。

如何使用新雅點讀筆閱讀故事？

1. 下載本故事系列的點讀筆檔案

1️⃣ 瀏覽新雅網頁(www.sunya.com.hk) 或掃描右邊的QR code
進入 新雅‧點讀樂園 。

2️⃣ 點選 下載點讀筆檔案 ▶ 。

3️⃣ 依照下載區的步驟說明，點選及下載《小跳豆幼兒好行為情境故事系列》
的點讀筆檔案至電腦，並複製至新雅點讀筆的「BOOKS」資料夾內。

2. 啟動點讀功能

開啟點讀筆後，請點選封面右上角的 新雅‧點讀樂園 圖示，然後便可翻開書本，
點選書本上的故事文字或圖畫，點讀筆便會播放相應的內容。

3. 選擇語言

如想切換播放語言，請點選內頁右上角的 粵/普 圖示，當再次點選內
頁時，點讀筆便會使用所選的語言播放點選的內容。

如何運用點讀筆進行互動學習

不要在家裏踢球

有些小朋友喜歡在家中踢球或玩投擲遊戲，如果一不小心把花瓶、玻璃杯或碗碟打翻、撞碎，就會很危險。所以我們最好在戶外時才進行一些較為激烈的遊戲。

假日裏，豆爸爸買了一個新皮球給跳跳豆和糖糖豆，跳跳豆十分雀躍，他把家中客廳布置成一個球場，對糖糖豆說：「妹妹，讓我們來一場踢球比賽！」接下來，糖糖豆該怎樣做才是正確的呢？

19

點選圖中的角色，可聆聽對白

點選語言圖示，可切換至粵語、口語或普通話

1 先點選情境文字的頁面，聆聽什麼是正確的行為和理解所發生的事情

小朋友，請你聆聽以下選項，然後在右頁選出正確答案：　　我的選擇是：Ⓐ Ⓑ

選擇 A

糖糖豆和跳跳豆一起踢球，結果砰的一聲，打翻了花瓶，滿地碎片。

20

選擇 B

糖糖豆對跳跳豆說：「在家中踢球會很容易發生危險！我們去公園時才玩吧！」

21

2 翻至下一頁，你可先點選頁面，聆聽選擇A和選擇B的內容

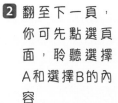

3 最後作出你的選擇！點選Ⓐ或Ⓑ，然後聽一聽你是否選對了

每冊書末同時設有「親子說一說」欄目，給家長一些小提示，
讓家長在跟孩子進行親子閱讀時，也能一起討論他們所選擇的結果啊！

5

不要攀爬窗戶或欄杆

　　有的小朋友喜歡爬窗戶和欄杆，這些行為都是很危險的！如果一不小心掉下來，就會扭傷腳、摔斷腿或撞傷頭部。更嚴重的是，有可能掉出窗外，後果不堪設想！

　　今天，祖父和祖母會來探望跳跳豆和糖糖豆。跳跳豆和糖糖豆從家中的窗戶望出去，看見祖父母的身影！他們都很興奮。接下來，跳跳豆和糖糖豆該怎樣做才是正確的呢？

選擇 A

　　跳跳豆和糖糖豆想向祖父母揮揮手，於是他們拿了一張小椅子。跳跳豆站到椅子上，半個身子探出了窗外。

選擇 B

　　跳跳豆和糖糖豆跑去告訴媽媽，然後幫
媽媽準備食物和茶，招待祖父母。

不要把餐具拿來玩

　　有些小朋友在吃飯的時候，喜歡把筷子、湯匙、刀叉含在嘴裏玩。試想想，如果這時不小心被人撞到，餐具便會把口、鼻弄傷，這是多麼危險啊！

　　假日裏，豆爸爸和豆媽媽帶跳跳豆和糖糖豆去野餐。豆媽媽帶了一些漂亮有趣的叉子給跳跳豆和糖糖豆用來吃水果，他們看見那麼有趣的叉子都很興奮。接下來，跳跳豆和糖糖豆該怎樣做才是正確的呢？

選擇 A

跳跳豆把叉子含在嘴裏，糖糖豆揮動着叉子，兩個小朋友拿着叉子當玩具呢！

選擇 B

　　跳跳豆和糖糖豆很喜歡那些漂亮的叉子，他們乖乖地自己拿着叉子吃水果，吃得真開心呢！

不要自己倒熱開水或觸碰爐具

小朋友長大了，喜歡幫媽媽做事情，這種行為非常好！但是，一些危險的工作卻不適合小朋友做，例如自己倒熱開水或觸碰煮食爐具，因為一不小心就會燙傷自己。小朋友應該去請大人來幫忙。

「叮噹」，門鈴響起了。原來是胡蘿蔔太太來了！跳跳豆和糖糖豆想起要好好招呼客人，才是個好孩子。接下來，跳跳豆和糖糖豆該怎樣做才是正確的呢？

選擇 A

　　跳跳豆和糖糖豆立刻走進廚房，想給胡蘿蔔太太倒熱茶。

選擇 B

跳跳豆和糖糖豆請胡蘿蔔太太坐下，
然後幫媽媽拿了一些點心出來招呼她。

不要在家裏踢球

有些小朋友喜歡在家中踢球或玩投擲遊戲，如果一不小心把花瓶、玻璃杯或碗碟打翻、撞碎，就會很危險！所以我們最好在戶外時才進行一些較為激烈的遊戲。

假日裏，豆爸爸買了一個新皮球給跳跳豆和糖糖豆，跳跳豆十分雀躍，他把家中客廳布置成一個球場，對糖糖豆說：「妹妹，讓我們來一場踢球比賽！」接下來，糖糖豆該怎樣做才是正確的呢？

選擇 A

　　糖糖豆和跳跳豆一起踢球，結果砰的一聲，打翻了花瓶，滿地碎片。

選擇 B

　　糖糖豆對跳跳豆説：「在家中踢球會很容易發生危險！我們去公園時才玩吧！」

不要在廚房玩耍

在廚房裏追逐玩耍，是很危險的。因為廚房裏有許多危險物品，如鋒利的菜刀、滾燙的油鍋、玻璃碗碟、陶瓷餐具等。如果一不小心把這些東西打翻、撞碎，就會使我們受傷！

星期天，跳跳豆和糖糖豆在家中玩耍。跳跳豆扮演小勇士，他看見廚房裏有一把長柄勺子，很像一把長劍呢！接下來，跳跳豆該怎樣做才是正確的呢？

選擇 A

跳跳豆想起不能隨便走進廚房，於是他用舊報紙捲成長劍來扮演小勇士。

選擇 B

　　跳跳豆走進廚房拿起長柄勺子，向着扮演怪獸的糖糖豆揮動，還模仿小勇士說：「怪獸，我要打敗你！」

小心使用電插座

使用電插座時要很小心，千萬不要用手去觸摸電插座，也不要把手指插進電插座的插孔裏，以免引致觸電，會有生命危險！當小朋友真的需要使用電插座時，一定要請大人來幫忙。

豆爸爸買了一個充電型的機器小狗給跳跳豆和糖糖豆。今天，他們在家裏玩機器小狗，機器小狗突然停下不動了，原來是要充電呢！接下來，跳跳豆和糖糖豆該怎樣做才是正確的呢？

27

選擇 A

　　跳跳豆和糖糖豆把機器小狗放到充電座上，然後自己插上插頭。

選擇 B

　　跳跳豆和糖糖豆去請豆爸爸幫忙插上插頭，給機器小狗充電。

使用尖銳用具時要小心

當小朋友手中拿着剪刀、鉛筆或其他尖銳的用具時，要特別小心。因為這些用具都具有危險性，小朋友絕對不可以拿着尖銳用具互相追逐、打鬧，以免刺傷別人或自己，造成意外。

今天，茄子老師教小朋友寫生字。跳跳豆帶了一枝漂亮的、尖尖的鉛筆，他很想展示給皮皮豆看看。接下來，跳跳豆該怎樣做才是正確的呢？

選擇 A

　　跳跳豆寫了幾個生字，然後對皮皮豆
說：「你看我的鉛筆多漂亮！我寫的字也
很漂亮！」

選擇 B

　　跳跳豆拿着尖尖的鉛筆，在皮皮豆面前不斷揮動，說：「你看！我的鉛筆多漂亮！」

親子說一說

小朋友，看完這本書，你可以看看自己選得對不對。 如果你選了7個 😀 ，你就是一個懂得注意安全的好孩子了。

情境	選擇A	選擇B	小提示
不要攀爬窗戶或欄杆	🙁	😀	小朋友有時喜歡觀看窗外景物，但必須要注意安全，切勿爬窗，更不應半個身子探出窗外揮手！如果真的想觀看窗外的事物，一定要有成人在旁。
不要把餐具拿來玩	🙁	😀	餐具是我們進食時使用的工具，小朋友不要把餐具當作玩具來玩啊！例如把湯匙含在嘴裏、拿着刀叉揮舞，這樣很容易會把自己弄傷。如果不小心，更可能會弄傷別人。
不要自己倒熱開水或觸碰爐具	🙁	😀	小朋友喜歡幫爸媽做家務，是很好的孩子。但也要量力而為和注意安全。一些危險的任務，如：倒熱茶、切東西或觸碰煮食爐具等，便要避免。小朋友也不要擅自走進廚房。

34

情境	選擇A	選擇B	小提示
不要在家裏 踢球	😕	😀	家裏不是遊戲場地，所以一些動作激烈和需要寬闊的活動空間的遊戲，如：踢球、投擲東西、追逐等，便不應在家中進行，應該在公園、球場等戶外地方才玩啊！
不要在廚房 玩耍	😀	😕	廚房是爸媽煮餸菜的地方，不是小朋友玩耍的場地。廚房裏有滾燙的爐具和鋒利的菜刀。小朋友不要隨便走進去，否則發生意外便不堪設想了。
小心使用 電插座	😕	😀	小朋友不要因為一時好奇，用手觸摸電插座或是把小指頭插進插孔裏，因為電流會通過電插座連接電器，如果小朋友觸電了，便會有生命危險啊！
使用尖銳用具 時要小心	😀	😕	小朋友在使用鉛筆、剪刀、尺子等文具時，要注意它們會否有尖銳的部分，使用時要特別小心，也不要亂揮動，因為這樣很容易弄傷自己或別人。

教養小貼士

在孩子的能力、心智和體力發展尚未成熟的時候，爸媽應積極教孩子建立保護自己的意識，培養他們良好的行為以避免發生危險。以下是幼兒其中一些重要而必須意識到的自我保護能力：

🫘 身體安全方面：把玩具收拾好，以免不小心摔倒；過馬路要牽着大人的手慢慢走、不拿剪刀到處跑等；災害的應變常識，例如：燙傷時馬上沖冷水。

🫘 社交安全方面：不要拿尖銳的物品在別人面前揮舞、不要推撞牽扯(尤其在梯間)。

🫘 人身安全方面：遇上陌生人搭訕時應怎麼辦、不要隨便告訴別人自己的名字、住址、電話號碼等。

🫘 家居安全方面：不能隨便走進廚房、不爬窗、正確使用器具、手濕時不觸摸電器、不玩電插座等。讓孩子知道即使在家中，也應要注意安全。

🫘 爸媽在平日要讓孩子了解，並立下一些規定，讓孩子在日常生活中，養成有規律而安全的好行為。

小朋友，你是一個會注意安全的孩子嗎？看看下面各項，你是否都已經做得到？請你在適當的空格內加 ✓。

項目	我做得到	我有時做到	我未做到
不會攀爬窗戶或欄杆			
不會把餐具含在嘴裏			
不會把玩具放進嘴裏			
不會自己倒熱開水			
不會靠近煮食爐具			
不會在廚房玩耍			
小心使用電插座			
使用尖銳用具時會小心			
玩遊戲時會注意安全			
遠離陌生人			
上下樓梯時不會奔跑			
郊遊時不會脫離隊伍			
不會到水深的地方玩水			
不會用手撿碎玻璃			

小跳豆 故事系列（共8輯）
Jumping Bean

讓豆豆好友團 陪伴孩子快樂成長！

提升自理能力，學習控制和管理情緒！

幼兒自理故事系列（一套6冊）

- 《我會早睡早起》
- 《我會自己刷牙》
- 《我會自己上廁所》
- 《我會自己吃飯》
- 《我會自己收拾玩具》
- 《我會自己做功課》

幼兒情緒故事系列（一套6冊）

- 《我很生氣》
- 《我很害怕》
- 《我很難過》
- 《我很妒忌》
- 《我不放棄》
- 《我太興奮》

培養良好的品德，學習待人處事的正確禮儀！

幼兒德育故事系列（一套6冊）

- 《我不發脾氣》
- 《我不浪費》
- 《我不驕傲》
- 《我不爭吵》
- 《我會誠實》
- 《我會關心別人》

幼兒禮貌故事系列（一套6冊）

- 《在學校要有禮》
- 《吃飯時要有禮》
- 《客人來了要有禮》
- 《乘車時要有禮》
- 《在公園要有禮》
- 《在圖書館要有禮》

建立良好的心理素質，提高幼兒的安全意識！

幼兒生活體驗故事系列（一套 6 冊）

《上學的第一天》
《添了小妹妹》
《我愛交朋友》
《我不偏食》
《我去看醫生》
《我迷路了》

幼兒生活安全故事系列（一套 6 冊）

《我小心玩水》
《我不亂放玩具》
《我小心過馬路》
《我不亂進廚房》
《我不爬窗》
《我不玩自動門》

培養孩子良好的習慣和行為，成為守規矩和負責任的孩子！

幼兒好習慣情境故事系列（一套 6 冊）

《公德心》
《公眾場所》
《社交禮儀》
《清潔衞生》
《生活自理》
《與人相處》

幼兒好行為情境故事系列（一套 6 冊）

《我要做個好孩子》
《我要做個好學生》
《我要做個好公民》
《我要注意安全》
《我要有禮貌》
《我要有同理心》

小跳豆幼兒好行為情境故事系列
我要注意安全

作者：楊幼欣

改編：新雅編輯室

繪圖：李成宇

責任編輯：趙慧雅

美術設計：劉麗萍

出版：新雅文化事業有限公司

香港英皇道499號北角工業大廈18樓

電話：(852) 2138 7998

傳真：(852) 2597 4003

網址：http://www.sunya.com.hk

電郵：marketing@sunya.com.hk

發行：香港聯合書刊物流有限公司

香港荃灣德士古道220-248號荃灣工業中心16樓

電話：(852) 2150 2100

傳真：(852) 2407 3062

電郵：info@suplogistics.com.hk

印刷：中華商務彩色印刷有限公司

香港新界大埔汀麗路36號

版次：二○二二年七月初版

二○二四年四月第二次印刷

ISBN: 978-962-08-8017-9